JN440422

그곳에 가면

그리움이 서 있을까

2012@그곳에 가면 그리움이 서 있을까

인 쇄 : 초판인쇄 2012년 12월 20일
인 쇄 : 초판발행 2012년 12월 25일
지은이 : 정성주
펴낸이 : 윤기영
펴낸곳 : 도서출판 노트북
등 록 : 제 305-2012-000048호
본 사 : 서울시 동대문구 장안동 314-3번지 나동 101호
전 화 : 070-8887-8233 팩시밀리 : 02-844-5756
이메일 : hdpoem55@hanmail.net

정 가 : 8.000원정
ISBN : 978-89-92687-33-1-03810

그곳에 가면

그리움이 서 있을까

정

성

주

도서출판 노트북

격려사

이 시대를 불확정성의 삶이라고 말하는 사람들이 많습니다. 그만큼 단절된 삶을 살고 있다는 것을 말하고 있습니다. 그래서 글을 쓰는 작가들은 방황 속에서 단절된 삶을 많이 그려내고 있습니다.

오늘 정성주시인님의 첫 시집 격려사를 쓰면서 시인의 삶이 얼마나 고독한 삶인지 자신을 돌아보는 시간이었으며 첫 시집을 탄생하기까지 고뇌와 수고의 인사를 드리고 싶습니다.

문학은 사람이 되는 길을 안내하고 인간을 훈련하는 언어예술이라고 봅니다. 사람은 어떤 성품을 지녔느냐에 따라 시 색깔이 달라진다 합니다. 그만큼 시는 시인의 마음이라 말할 수 있습니다. 얼 만큼 진솔하게 글을 쓰느냐에 따라 독자의 마음을 얻을 수 있다는 것입니다. 좋은 시를 쓸 수 있다는 것은 시인의 환경이라 말하고 싶습니다.

우린 어떤 시인이든 등단 후 완성되어가는 과정을 지켜보면서 열심히 습작하는 작가와 남의 작품을 인용하는 작가와 차이가 두드러지게 나타나 있을 것을 가끔 엿보곤 합니다. 물론 시를 인용하는 것이 나쁘다는 것은 아닙니다.

시어란 한정되어 있기에 작가의 피나는 노력 없이는 좋은 작품을 건지지 못한다는 것입니다.

오늘 나는 격려사를 쓰면서 내가 이런 모습으로 살고 있구나 뒤돌아보면서 문학이 있어 행복하다는 것을 새삼 느끼게 합니다.

정성주시인님은 참 대단한 시인이라고 생각합니다. 시가 생업이 아니고 취미로 쓰는데 꾸준히 써왔기에 가능하지 않았나 봅니다. 그동안 쌓아온 참신한 행보를 내 딛는 첫 시집 가슴 벅차게 합니다.

시는 인간의 간절한 갈망이기도 합니다.
그 갈망은 꿈으로 현실을 바꾸려는 이상입니다.
시의 역사는 시대적 환경을 바꾸려는 노력의 연속이라 말하고 싶습니다. 그래서 시인은 풍부한 상상력을 지닌 초능력자이기도 합니다.

2012년을 마무리하면서 진심으로 축하인사 드립니다. 첫 시집 간결한 작품으로 독자의 사랑으로 오랜 시간 동안 사랑받는 시집이 되었으면 합니다. 축하합니다.

2012년 12월에 노트북 출판부

서문

첫 번째 [그곳에 가면 그리움이 서 있을까] 시집을 내면서 많이 망설이게 했습니다. 시집 평을 어떻게 받을까 가슴도 떨리고 마음이 숙연해지기도 했습니다.

글을 좋아해서 글을 쓰기 시작했는데 쓰다 보니 책을 펴낼 줄은 몰랐습니다. 책을 내기까지 용기를 주신 현대시선 발행인님께 감사드립니다.

내 마음을 닮아 세상에 잉태한다는 것 생각만 해도 가슴이 벅차오르게 합니다. 지금까지 저를 사랑해 준 가족들과 저를 지켜봐 준 친구들에게 감사하다고 말하고 싶습니다.

건설업을 하면서 시간이 날 때마다 메모하는 습관을 갈고 꾸준히 습작한 덕분인 것 같습니다. 어느 모임에서 시인들의 말은 뇌리에 나를 지배하곤 했습니다. “고요한 강에 조그만 돌 하나를 던져봐라. 돌멩이는 강물 속으로 퐁당 가라앉으며 그 주위에 동그란 작은 파문을 남기고 그 파문은 점점 커지다가 이내 사라지고 만다고 그와 마찬가지로 시를 쓰는 것도 마찬가지라고. 한 장면이 내 마음속에서 파문을 일으키는 것과 같이 그 장면은 내 마음 한 곳에서 머물다가 곧이어 사라진다.

그 느낌이 사라지기 전에 내 기억 속에 차곡차곡 담은 후 글로써 풀어 낸다고" 하는 말들이 시 창작을 하게 매질했는지도 모르겠습니다. 흔한 말들이지만 저를 시를 쓰게 된 동기였다고 생각합니다. 그렇듯 시의 사유는 많은 경험과 마음에서 진솔하게 서술하는 것이 시라는 것을 알게 되었습니다.

부족한 시를 펴내고 있는 자신이 부끄럽지만, 의미있게 제 마음을 읽었다 생각해 주셨으면 합니다. 두 번째 시집은 좀 더 노력해서 간결한 시집으로 기억하도록 하겠습니다.

2012년 12월 광혜원에서

정성주

목 차

1부. 모래성

2부. 두레박사랑

3부. 시향

4부. 그리움

1부

모래성

모래성

가슴으로 무너진 세월들
내 맘 속에 흘러내려
이제는 멀어져가는 추억의 모래성이여

걸음마다 헤어날 수 없이
더욱 깊이 빠져들고
덧없이 사라져가는 내 안의 모래성이여

수없이 많은 날들을
사랑으로 쌓아 왔지만
허물어져 간 잊혀져가는
그 시간 속에 나는 얽매여
초라한 그 모래성을 목매어 바라보네

언젠가 거센 파도에
부서질 모래성이여
알면서도 그리움 속에
기다릴 수밖에 없는 사람아.

발라드 작사로 발표

내 안에 당신

보랏빛 향기로 가슴을 태우던
사랑으로 써내려간 아름답던 날들
그 속에 갇혀서
그 안에 갇혀서 그리움만 피웠지

잊으려 하면 더욱 다가오는
그리운 당신 생각에
애쓰지 말고 잊어야 하는
그런 사랑인 줄 알면서도
바람 속으로 추억 속으로 난 걷고 있네

보랏빛 향기로 마음 설레이던
사랑으로 잠 못 이룬 아름답던 날들
그 속에 갇혀서
그 안에 갇혀서 그리움만 태웠지.

발라드 작사로 발표

무지개

길을 가다 소나기를 만나면
천둥 번개도 뒤따라와 영혼을 울려놓고
잠시 방황과 상실의 아픔으로 신음하면
산자락에 무지개가 걸려 있네

양탄자도 깔리지 않은 계단에 앉아
촉촉이 젖어 오는 그리움에
다시 일어나 길을 갔지

오늘은 무지개가 숨은 걸까 보이지 않아
무지개 대신 돈을 걸어놓을 거야
양탄자가 깔린 계단도 영혼을 울리던 고뇌도
방황도 상실의 아픔도 무지개 같은 돈이
가시 면류관을 주어도 좋아 아마도

가시면류관에 한 번 찔리고 나면
구름과 구름이 싸움을 하게 만들고
풀과 풀들이 일제히 일어나 서로의
머리를 붙잡고 흔들어 대고
까마귀 노는 곳에 가지 말라던 백로는
살이 피둥피둥 쪄 나는 것을 잊어버리고.

중년의 나무

잎도 없고 가지도 없는
중년의 나무를 사막에서 만났다
떼거리로 몰려온 나무들이 와서
잎사귀 하나 남기지 않고
가지는 물욕 잔뜩 오른 나무에게 잘려 버리고
햇살 아래에서 오돌오돌 떨며
나를 기다리고 있었다

나에게는 이파리 두 잎 세게 남은 가지
이파리 하나 떼어주면 그 나무 춥지 않을까
가지 두 개 그 나무에게 떼어주면 춥지 않을까
떼어주고 나니 나조차도
햇살 아래 오돌오돌 떨린다
그 나무는 여전히 춥다고 바들바들 떤다

나는 그 나무에게 잎사귀를 틔우고
가지를 기르라고
먼지 풀풀 나는 땅바닥을 구르며 독을 품어댔다
그 나무는 내가 준 것마저
모랫바닥에 떨어뜨리고
잎도 없고 가지도 없는 몸을 바들바들 떨며 운다.

그리움

중년의 가슴엔
가끔 바람구멍을 낸다

가슴으로 스친 그리움이
호수만큼 넓어지니
나도 모르게 그립다

눈물강 하나 만드는 것
구태여 막지 않으리.

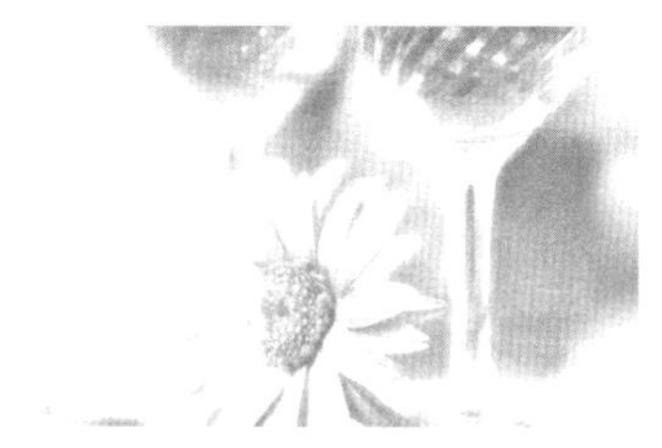

그리움이 나선다

그리움이 가슴에 자맥질하다
뇌에 앙칼진 칼날 세운다

어제오늘이
일제히 아름다운 폐허를 남긴다

폐허 속에 커다란
구멍 하나 만들어졌다
그리운 날이면

구멍으로 눈을 대고 바라보니
줄행랑을 친 바람의 뒷모습
흔적이 없고 세월만 보이네.

중년의 삶

우리는 들꽃처럼 들에서
부는 바람 먹으며 자유로웠다

그 길 위로 줄지어 가는 사람들
발목마다 채워진 쇠고랑 소리 쩌렁쩌렁 울려대면
마음에 켠 등불 하나 꺼지고
어둠이 내리고 자유가 사라지고 있다

벼랑 끝이 무섭다 어둠이 무섭다
쌀쌀해진 애인의 목소리가 무섭다
상처들이 부스럭부스럭
벼랑 끝으로 떨어지고서야 내가 보인다

나는 중년으로 남았으면 좋겠다.

새가 되고 싶다

콘크리트 갈라진 빈틈에
피어있는 작은 꽃
번지도 족보도 잃어버린 지 오래
한 발짝만 디뎌도 옥토 밭인 걸
갈 수 없는 나약한 발
수많은 별이 내리는 밤도 서러워
새벽이슬에 씻지도 못하는 눈
따스한 햇님의 미소도 짝사랑
몰래 찾아온 나비 한 마리
잠시 쉬어 가는 동안
서러움도 외로움도 잠시 잊어
서러운 소쩍새 소리도 반가워라
잠시 콘크리트 속 답답함도 잊고
차마 말하지 못하고 숨겨두며
이대로 사랑을 해요
그리워 어제도 오늘도 기다리며
삭이어가는 가슴
아무도 모르게 수많은 별이 내린다.

그대는

매화꽃에 물었어요
내 영혼의 그분을 아시나요
매화꽃은 민들레에 물어보라 했지요
매화꽃나무 아래 음탕한 모습 감추려고
살금살금 노란 꽃등 밝히는
민들레에게도 물었지요

내 영혼의 그대를 보셨나요
민들레 꽃은 바람에게 물어보라 했어요
마침 나무를 애무하고 있는
바람의 소리를 들었느냐고요

내 영혼의 그대를 보셨나요
바람 되어 매화꽃 민들레 꽃이 하는 말처럼
사랑하지 않고는
내가 사랑하는 영혼을 깨울 수 없다 합니다
바람아 도와주오
내 사랑하는 영혼을 깨워주세요

젊은 꽃사슴처럼 내게 달려오게 해주오
바람이 깃발을 세우고 데려온 햇살
내 심장은 뛰고 볼에 내리는 부끄러움

바람이 머리에서 발끝까지
내 몸을 아름답게 씻기면
나는 내 사랑하는 자의
어여쁜 신부가 되어 눕고
다리를 애무하는 햇살의 부드러운 손길
그 손길 샘물을 지나고
두 봉우리 위에 오르면
나와 내 사랑하는 자의 무도회가 열립니다
내 샘에서 내 영혼의 사랑하는 자가
무수한 봄꽃을 피워냅니다.

이름 하나

들꽃으로 살아가련다
들꽃이라 이름 없다 하지 마라
남몰래 찾아온 나비가 지어준 이름
꽃잎에 새겨 이름이 되었다

들꽃으로 살아가련다
저기 저 희미한 별처럼
수많은 눈길 받지 못해도
남몰래 찾아온 나비 하나
사랑의 촉수 뻗어 하나가 되었다

들꽃으로 살아가련다
화려한 들꽃처럼 뽐낼 것 없어도
남몰래 찾아온 나비가 뿌려 놓고 간 페로몬
뿌리부터 꽃잎 끝까지 젖어
별이 되어 하늘길에서 기다리노니.

꽃밭에서

작디작은 몸 모래에 꽂아도
밤새 별들이 내려와 앉을 자리 내어주며
옥토인 냥 뿌리를 내리며 살아갈 줄 안다

앉은뱅이처럼 보는 시야 넓지 못해도
보는 이 사랑하고 오는 이 사랑하고
웃음으로 보답하는 미소는 지을 줄 안다

피었다 지고 피었다 지고
하루밖에 살 줄 모르지만
뜨거운 햇볕 속에서 꽃 피울 줄 안다

흐린 날은 별이 되지 못해도
남루한 날들을 무너지는
담벼락을 껴안고 살아도
당신 손 꼭 잡고
영원히 곁에 있어줄 줄 안다
나는.

화단에서

집 앞 공중화장실 옆 화단이
몸단장을 잊은 지 여러 해
문만 열면
나를 빤히 보고 가난한 눈빛을 보낸다

여자도 가꾸어야 아름다운 것처럼
온갖 벌 나비 불러와 햇빛잔치 벌이고 싶단다
하루 이틀도 아니고 매일 끈질기게 매달리니
마음이 착한 나는 허락하고야 말았다
삽질하여 때를 벗겨 내고
돌멩이를 치워 과거를 청산하여
꽃 대신 상추씨를 뿌리고 쑥갓씨를 뿌리며
고향을 만들어 냈다
만들어 놓은 고향을 아침저녁 들여다보며
어서 자라기를 빌었다
귀소본능에 시달려온 내 의지는
오랜만에 웃었다.

슬픈 날엔

내 뒤에서
기억이 슬피 울며
따라오고 있다
짜증 섞인 얼굴로
돌아서 보면
움찔 뒤로 물러난다
그리고 등을 보이며
나에게서
멀어져가려 하면
발을 동동 구르며
이렇게밖에
할 수 없었다고
미소를 지으며
어깨동무를 한다
뒤처지지도 말고
앞서 가지도 말아 달라고
신신당부를 한다
내가 자유스럽지 못할 때
기억은 자유를 얻기 때문이다.

꽃이 피는 날

사월 초순께 길가엔
온통 벚꽃만 보였었는데
이제 북상한 벚꽃
난 벚꽃에 말하고 싶었지만
꽃은 살랑살랑 흔들릴 뿐 말이 없었다

난 몸을 활짝 열어 말을 하건만
말을 하건 말건
바람에 흔들고만 있다

전체 석차 반 석차 숫자 속에 갇혀
꽃이 피든 말든 꽃이 말하건 말건 상관없다

비바람에 꽃이 질까 걱정하는
꽃이 있어 다행이다.

세월이 지고 나면

천지간에 꽃이지만
마음 주던 꽃이 없었습니다

나름 닮아 자그맣게 핀 꽃
이 꽃만은 나처럼 꿈을 꿉니다
다른 곳은 가로 재고 세로 재더니
얻을 것이 없는지 하나 둘
영영 말을 걸어오지 않습니다

이 곳마저 지고 나면
마음 갈 곳 없을까 서럽다
천지간 화사한 꽃들은 이미
다른 누군가와 한 웃음을 짓고
이 꽃과 나는 눈에 띄지 않는 무색
이 꽃이 지고 나면
나도 덩달아 지고 말 텐데.

이 거리를 생각하세요

나의 본적지는 하늘나라
잠시 머무는 곳은 광혜원에
사랑은 하나 심었다

내 세월은
고향을 찾을 수 있도록
세상 거리에 이정표를 세워 두셨습니다

그 길은 너무나 좁고 험해서
혼자 가기 어려운 길입니다
나는 그 길을 중간 정도 왔습니다
얼마 남지 않았는데
화려한 옷과 넓은 지식 가진
넓은 길로 가고 싶습니다

이 거리를 생각하세요
우리가 남겨 놓은 많은 이야기
여기에 있습니다.

이연이란

봄비 속에
부드러운 바람처럼
다가온 당신
휘감기는 언어가
마음을 울리고
마냥 그때로 다시
돌아가고 싶어

못다 한 사랑
그 언저리 잡아도
늘 채워지지 않은
그리움이여.

비오는 날의 수채화

길을 가다 소나기를 만났습니다
천둥 번개는 영혼을 울리고
줄달음치는 발걸음은
잠시 방황과 상실의 아픔으로
내달리다가도
무지개가 산자락에 걸리면
양탄자도 깔리지 않은 계단에 앉아
촉촉이 젖어 오는 그리움
내 마음은 잠시
무지개를 타고 하늘로 오르고 있습니다.

기다림

바람 불어 좋을 사람 있는가
어제 분 바람 때문에
기다림이 되었다

오늘 그 바람 부는데
소망의 손 잡고 웃고 있네
기다림의 연속이련다

바람은 바람인데
바람맞은 사람이 바뀌었기 때문이라네.

내 이름은

내 이름을 지어 준 사람이
이름 대신 들꽃이라 부릅니다

어머니가 지어 놓고
아가라고 부르듯이
사람들은 나를 좋아합니다

요즘 제 이름을 찾은 들꽃들이
하나 둘 제집을 떠나고 있어요
계절의 탓인지도 모르겠습니다

어느새 내 이름은 모든 이의 가슴에
새겨지는 꿈을 꾸고 있습니다.

그리운 사람

그리운 사람이 있어요
그날 따라 소쩍새 슬피 울고
구름 가려 어두운 달빛
담장 위에 핀 꽃
하얗게 부서지고
바람도 가고 없는 숲을 지나
사랑하는 너에게
꽃 한 송이 꺾어 들고
살금살금 발걸음 숨죽여
너의 방문 앞에 섰는데
불빛 속에 비치는
너의 방은 무서운 정적
하얗게 꺾인 꽃
방문 앞에 놓고 왔네
아, 그 꽃을 꺾을 때
너의 영혼마저 꺾어지고
구름처럼 가버릴까.

사는 동안

꽃씨 하나 심어
황홀한 색은 아니어도
향기가 멀리 가지 않은
꽃 하나 들고
길 위에 웃고 서 있으니
길들이 일제히 손짓한다

유난히 큰 손짓을 하는
길 위에 들어서니
가시 하나 발목을 찌르네
절뚝거리며
길 위에 서 있는데
절름발이 내게
길들은 딴전 피운다

얼마 동안 산다는 것은
만약 지구에
하루를 살아야만 한다면
지구가 하루에도 수없이
조각나는 소리는 들리지 않을 것이다
또 존경받으려고 하지 않을 것이다

그러나 불행하게도 사람은
얼마 동안을 묵어야 한다
얼마 동안 묵어야 한다는 사실이
존경받으려고 하는 몇몇 사람들로 하여
거리거리가 시끄럽다
나도 거리에서 작은 목소리라도
내려고 하지는 않을까
오늘 내가 만나는 사람들
엄청나게 많은데
하루가 짧게 일속에 묻혀야 하는 시간
이렇게 하루가 짧기만 하다.

달님이 그리운 날

울 일이 생기거든
달을 한 번 볼일이다

그것도 눈썹 같은 달을
슬픔을 담느라
한을 담느라
제 몸을 줄여버린
달의 슬픔을 위해서
달을 볼 것이다

내 마음을 달래다 보면
슬픔만 있고
내 슬픔은 달에게 가 있다.

다짐

아픔을 주고 산 자식 놈들이
흩트려 놓은 하루를
웃는 얼굴로 치워야지 하고
하루가 멀어지기 전에
나에게 약속했었지

시간을 주고 산 나에게
보여 준 미소와 정다운 말을
우리 일과 속에 속삭여 주어야지

시간의 끝자락을 간신히 붙잡고
나에게 약속했었지
널브러진 하루가
지친 하루와 맞부딪치자
빳빳이 목젖을 세운다

하루의 미소와 정겨운 말들이
탈진하며 고개를 꺾는다
하루가 상처를 물고 돌아눕는다.

진정한 마음

거리에 맨발로 얼룩지고
손목에선 절망의 피가
뚝뚝 떨어진
한 여인의 손목에
흰 붕대를 감아줄 수 있다면
난 진정 사랑을 가졌으리라

공원에서
새까맣고 무거운
냄새나는 외투를 걸친
피할 수 없는 눈동자를 가진
한 여자가
내 옆에 앉아도
다정스럽게 말을
건넬 수만 있다면
나는 따뜻한 마음을 가졌으리라

내 가슴에
따뜻한 빛으로 오신 이에게
나도 따뜻한 빛으로
다가갈 수 있으리라.

생각이 가는 곳에

촛불을 들고
지하계단 하나를 내려간다
촛불 하나 꺼지고
또 계단 하나를 내려온다
또 촛불 하나 꺼지고
점점 어두워지고
그 촛불 하나 의지해
잠을 자고 밥을 먹고
사랑하는 사람과 말을 하고
촛불이 바람에 살랑거린다

촛불 하나 들고 계단을 오른다
계단 하나 올라오면
촛불 하나 켜지고
또 하나의 계단을 오르면
또 하나의 촛불이 켜지고
또 하나의 계단 또 하나의 촛불.

바람을 기다리며

인적이 끊긴 내 집에
찾아오는 것은 바람뿐
바람이 되어 섬이 된
그날을 그리워하며 삽니다

꽃냄새 실어오는 아침 바람도
햇살 가득 담은 오후에도
산그늘 지게 깔리는 저녁도
난 아직 혼자 즐길 마음을 갖지 못했습니다

바람을 기다리며 기대하는 것은
바람이 우릴 좇는가
우리가 바람을 좇는가
거리로 나가자
6월의 마지막 밤을.

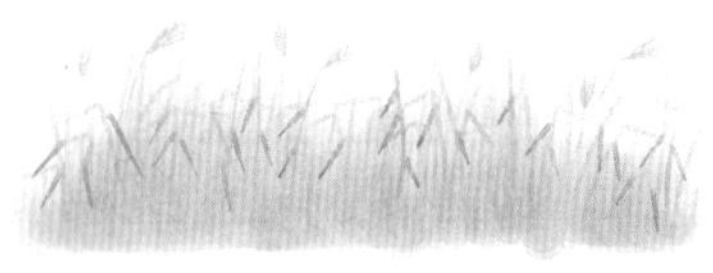

향기

늦은 밤
지친 걸음 처진 어깨
이리 치이고 저리 치여
지친 걸음으로
언덕 오르는 나를
미리 알고 저만치서
누군가
자구만 말을 건넨다
누굴까
발걸음 멈추어
주위를 둘러보니
아. 그리움이었다.

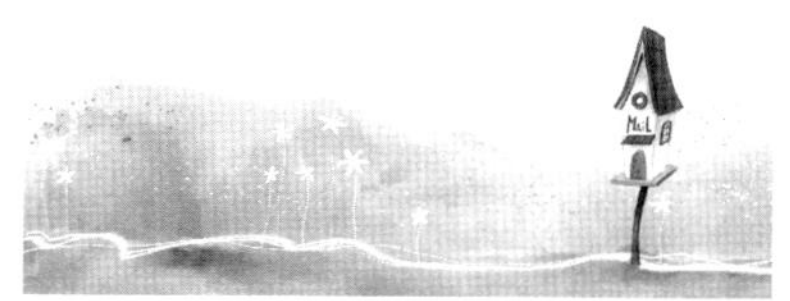

춘향전

춘향은 바람에게 노래를 배우지 말았어야 한다
바람의 노래는 춘향에게 불멸의 옷을 입혀
이 땅의 모든 춘향이에게 같은
노래를 가르치지만
도령님은 이 땅의 춘향이가 부르는
노래를 몰라
바람은 노래를 다시 지어라
춘향이는 오월의 노래도 다시 배우고
가을 강가 저녁놀 노래도 새로 배워라.

목련

하나 둘 셋
툭
툭
일제히 부화한 나비

나풀나풀
날지 못해도
환한 웃음

제 어미 닮아
한결같은 마음
햇살로 오는 임과
마지막 입맞춤하며
서러운 눈물 뿌리네.

기도

난
북쪽을 향하여
손을 내밀었는데
당신은
방향 없이 오는
시원한 바람

하루 이틀
고단하면
떠나지 않는 내 마음
오늘도 당신을 향해
나를 봅니다.

4월이 되면

닫혀 버린 세월
4월은 나에게 소중하다

돌 틈에 핀 민들레
하늘의 은총이다

지하에 들어가면
창문으로 간신히
들어 온 햇빛
하늘의 은총이다

4월은 노래를
하루도 끝까지
부르지 못하고 있다

4월이 그토록 기다려지는 것은.

2부

두레박사랑

첫사랑

내 사랑이 죽었다고
누군가 편지를 보냈어요

남들은 이상하게 생각하는데
그 사랑은 저 멀리서
기억에만 맴돌 뿐

혹시, 내 사랑은 살아있는지
자작나무 숲에도 가 보았고
부드러운 바람 속 헤집어도 봅니다

거울 앞에서 햇살처럼
웃으려고 웃어도 본다
그 기억 더듬으면
어느덧 가슴으로 젖어오는 그리움.

내 마음

바람 따라
길 위에 나섰는데
갑자기 머리
풀어헤치는 바람
눈이 부신 햇살도
머리 풀어헤치고
길 위에 버려둔 체
하나 둘 떠나네
하나 둘 떠나네
오직
실오라기처럼
가녀린 바람
햇살만 남기고.

지독한 사람

냄새가 난다
그 세월의 냄새가 난다
창문을 닫아라
바늘구멍 만한 틈도 막아라
달려드는 그리움을 막아라

초승달보다 더 지독한 사람.

그 사람

그 사람
칠판 앞에 선 그 사람
삶을 노래하고 있네

그 사람 앞에는
귀만 큰 사람들
작디작은 입은
그 사람 앞을 떠난 후
귀보다 커져
그 사람을 조각내네

운동장에 흑백사진 하나
듬직한 그 사람 생각이 난다
어디서 무엇하고 있을까.

꽃이 지면

꽃이 피는가 싶더니
나비 날아오르는가 싶더니
부드러운 바람 코끝을 간질이는가 싶더니

새들 노래 그치고
사랑 노래 희미해져도

잠시 후면 임이 오시리라
세상이 생기기 전부터
약속했던 것들을 지키기 위하여

새들 그칠 수 없는 노래를 부르고
꽃들은 지지 않는 향기를 날리며
임이 오시는 잠시 후면
임 오시는 길목에서
늘 부르던 내 노래 부르리.

고정된 시간

지나갈 것들을 위하여
바람은 이리저리 돌아
불던 곳으로 돌아가고
해도 떴다가 지며
다시 떴던 곳으로 돌아간다

보아도 족할 줄 모르는
들어도 만족할 줄 모르는
모든 강은 바다로 흘러도 채우지 못하고
새롭다 하는 것들은
이미 한 번 지나간 것이다

또 다른 새로운 곳으로 눈들을 고정시키고
고정된 눈이 싫증 나면 또 다른 새로운 것
슬픔도. 고통도. 기쁨도. 사랑도
영원한 것은 없었다
지나갈 것들을 위하여
눈과 입, 귀가 쉼이 없이 노크하네.

그 이름은

내 앞엔 절벽
그 절벽 이름은 알듯 모를 듯
산다는 것은 다 그런 거지 뭐
어린아이도 중얼거릴 수 있는 말로
절벽을 가려 놓고
나는 할 수 있다

누구나 외쳐 대는 구호로도
절벽을 가려 놓고
그것으로도 모자라
절벽에 히죽거리며
가려 놓은 것을 치워버리면
나는 절벽을 가릴 수 있는
그 무엇인가를
절벽에 가려 놓고
태연하게 웃을 수 있다.

작은 사람

나는 작은 사람
스치는 바람 소리
지구를 흠집 내는 소리

세상이 화내는 소리에도
작은 사람인지라
바깥쪽을 붙잡고서
푸념만 일삼네

작은 것 뒤엔
큰 것을 바라보라 했듯이
난 그 길에 서 있네.

그리운 임

임을 향해
귀먹은 줄 알았더니
입이 막힌 줄 알았더니
입을 열을 만하고
귀를 들을 만하네

그리움이 얼마나 길까
돌아선 돌부처 말하듯
세월이 깊어만 가네.

판화

바람이 바람을 만나 바람을 낳고
꽃이 꽃을 만나 꽃을 낳고
아버지는 바람을 만나 바람을 낳지 못해
꽃을 만나 꽃을 낳지 못해
세월을 조각내고 있네.

엿듣기

오늘은 기어이 벽에 올라가야 하는데
그 말을 벽이 들었어
내 친구가 무심코 내뱉은 말을
벽은 내가 무심코 하는 말
누군가에게 고백하듯 하는 말도
어찌나 귀가 밝은지 못 듣는 소리가 없어
남들 말은 듣는 둥 마는 둥 하는데
남들은 발 한 번 구르고 벽을 넘는데
키를 낮춰달라고 할까
귀를 막아 달라고 할까.

내 삶이 힘들면

깃발 들고 서시오
당신이 들어야 할 깃발은
내가 지시하는 깃발만 가져야 하오
내 지시대로
깃발을 들지 않으면 인격이 없소
인격이 없는 자도 깃발 들기를 원하면
색 없는 깃발을 주고 눕혀 놓으시오
눕혀 놓은 깃발 위에 검은 천을 씌우시오
내가 지시한 깃발을 가진 당신은
줄에 세워주겠소
줄 선 곳이 마음에 들지 않는다면
다른 줄에 세워 줄 수 있소
깃발을 가져야 하오
깃발을 갖고자 하지 마오.

서로에게

고난을 향하여
당신은
술잔을 면하게
해달라고 한 번 빌고
순종하고

나는
술잔을 면하게 해달라고
빌고 또 빌고
응답이 없자
불순종하고

당신은
당신의 뜻대로 해달라는
말로 빌고

나는
내 뜻대로 해달라고 빈다.

눈물

울지 말아라
울지 않는데 당신은 나에게
울지 말라고 합니다

울지 말아라
정말 울지 않는다고 강조를 했는데도
당신은 나에게 울지 말라고 합니다

울지 말아라
맹세코 울지 않는다고 거듭 말해도
당신은 귀찮게
나에게 울지 말라고 합니다

그래요 나는 울고 있어요
남들은 내가 웃는다고 여기듯이
당신을 속일 수 없으니
내가 울지 않고 있다고
속아 줄 수는 없나요.

수첩

찬바람 부는 어느 겨울
수첩을 잃어버린 한 사내가 울고 있어요

그 수첩이 중요하다고
여기저기 속닥거리는 소리 무시하고

그깟 수첩 잃어버리고
애통해하느냐 소곤대지만
울고만 있어요

사내가 잃어버린 수첩을
기억 못 할리 없는데

다른 수첩이 없느냐고 물어도
사내는 멍하니 서 있어요
다시 물었더니
그 수첩엔 사랑하는 사람 전화가 번호가
있다고 엉엉 울어요.

시인의 꿈

밤마다 내가 쓴 시들이
베스트 1위에 올려진 꿈을 꾼다면
베스트 1위에 여러 번 올라간
시인만큼 행복할 것이다

내가 가끔 황토물에 빠져 허우적거리는
꿈을 매일 꾼다면
실제로 황토물에 빠져 죽을까
걱정하게 될 것이다

잠은 현실과 같은 괴로움을 가져오게 되어
잠에서 깨어나는 것도 두려워지고
잠드는 것도 두려울 것이다

다행히 꿈은 매일 다르고
같은 꿈도 여러 가지로 꾼다
생시에 보는 것보다 영향을 덜 준다
그것은 연속되지만 변화가 더디기 때문이다
인생은 변동이 덜한 한바탕 꿈이다.

그리운 고향

내 고향 가득 핀
벚꽃 길 걸으며
폐를 지나 발끝까지
내려온 향기
꽃잎 따라 날리는 노래
더불어 즐거워하다
벚꽃은 일본 꽃이라는
누군가의 말에
낮은 음치는 파이프오르간

오늘 누군가의 글 속에
벚꽃은 제주도에서 일본으로
건너갔다는 말에
모든 감각 열어 즐기지 못한 아쉬움
음계 순으로 배열되지 못한
묘하고 변덕스런 오르간
고르지 못한 화음 때문에
오늘도 마음고생이 심하다
건반들이 있는 자리 어떻게 알아낼까.

위선자들

내가 친구라고 믿는 사람이
내가 없는 데서 내 이야기 하는 것처럼
내 앞에서 내 이야기를 하지 않아서 다행이다

만일 내가 없는 데서
내 친구가 내 이야기 한 것을 안다면
그것이 우정의 말이라 해도
나는 견디지 못할 것이다

내 마음속에 뿌리박고 있는 본성은
나에게나 남에게 숨기고
거짓되고 위선이 가득 차다.

본능적 사고

진리의 두 원리
성실성도 없고
서로를 속이고
감각은 거짓된
외모로 이성을 속이고
이성은 감각을 혼란시켜
거짓된 인상을 만든다

이성과 감각은 철로처럼 하나 될 수 없다
인간에게 진리를 보여주지 않는다.

공연을 보고

명 바이올리니스트 잘로몬은
20년 동안 하루 열두 시간씩 연습해서
춤추게 했다

발레리나 다리오니는 공연 날에도
무대에서 연습하다 쓰러져도
다시 일어나 연습하여
춤추게 했다

농작물을 거두려면 씨를 뿌리고
뜨거운 해 아래 비 오듯 솟는 땀
연신 닦아내야 하고
알알이 맺힐 때까지 참고 기다려야 한다

가장 먹고 싶은 과일은
열매 맺는 속도도 느리다
나는 언제쯤 춤추게 될까.

삶의 의미

난 중년을 살고 있어요
내가 살아내야 할 시간은 얼마를
더 견뎌야 할까요

힘들고 고독할 땐
지푸라기를 찾기 힘들어
여기저기 헤매며 다니며
채찍을 한 적도 있습니다

오늘도 수많은 열쇠꾸러미 힘겹게 들고서
하루 무게를 더 들어봅니다.

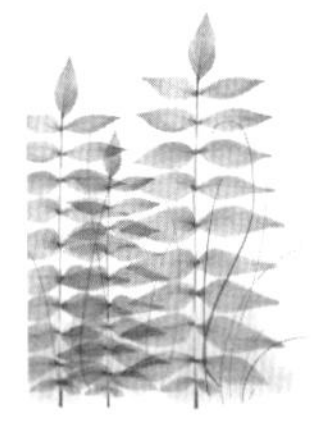
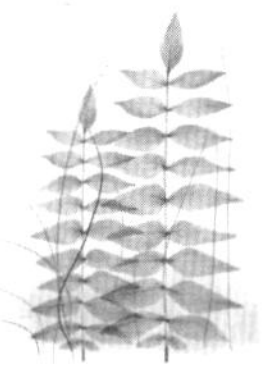

지나고 보니

사람들 만나는 재미로
살다보니 참 좋아요
잘사는 친구 못사는 친구
말을 듣다보면
자신을 돌아보게 됩니다

친구가 있어 행복합니다
지난 세월 허탈하게 논하며
허탈하게 웃을 수 있는 거
친구 밖에 없는 것 같습니다

가끔씩 친구와 술 한 잔 하면서
시를 쓰겠습니다.

민주화

밥그릇 수 같은 너를 본다
팔목에 가로누운 민주화 운동
목까지 차오른 민족의 염려
우러러보는 내 눈은
마음속에 슬며시 돋아나는
부끄러움
아. 나는 무엇을 잘못했는가
내 귀는 광주에서 힘없이 총에
쓰러지는 비명 듣지 못했고
광장에서 자유를 위해 피 흘리는
밥그릇 수 같은 너를 보지 못하는 근시
때가 되면 대신 울음소리
희미한 바람으로 들려
내 눈과 귀는 너를 보면서
조금씩 인격을 갖춘다.

기도 1

당신 삶에서
나를 지켜주소서
당신 그리움에서도
나를 지울 수 있도록
기도하게 해 주소서

당신 기도 속에
세월이 험난해도
내 자신을 지키게 해 주소서.

밤 소나타

어둠이 개울에 내리고
쫄랑쫄랑 개울물 소리
열세 살 사내가 듣던 소리
그 사내 삶의 고비 돌고 돌아
삶의 구속에서 잠시 벗어나
창가에 귀대고 들어본다

시린 소리 울음이어라
창문 열고 반갑게 손짓하려 보지만
어느새 찬바람에 마음은 먹히고
창문밖엔 굽 높은 신발 소리
천리를 만드네
억눌린 마음만 동동
내일쯤은 창문 열고
숨 한번 크게 쉬어보겠습니다.

그 사람은

고향에 묻어 둔
그 사람은
야금야금 울음을 먹고
천년을 보아도
못다 할 가슴이어라

그 세월 땅에 떨어져
별이 된다 해도
하늘 가득
별을 만든다 해도
고향에 묻어 둔
가슴이어라.

나를 위하여

내 옆구리
찌르고 있는 가시
뽑아주려고
야심이
잘못 쫓아오네
가시 때문에
지칫지칫 거리고
바람만 불어도
흩어질 꿈
아장아장
세상을 걷네
의가 가느다란
실개천처럼
흐르는 세상
잃어버린 나를 위하여
다시 뛰어라.

가슴이어라

어둠을 살라 먹고 자란 사람아
천년을 먹어도 늘 허기져
불러도 불러도
바람이 되어 버린 너
바람이 되면 빛을 살라 먹을 수 있어
웃을 수 있으려나.

일요일 오후

일요일 오후 산에 올랐다

오르막길 따라
흐드러진 산 향기
세상 냄새에 찌든 후각 묵묵부답
거친 숨 잠시 멈추느라 서 있는데
내 마음을 정지 시켰다

누군가 부르는 메아리 소리
대답은 없어도 애원하는 소리는 들렸다

일요일에 산에 오르니
오랜만에 마음의 안식처가 되는 구나
새소리 사람 구경하며
기분 좋은 일요일.

가을날에

아파트 계단 앞에
두 노인이 앉아 있다

햇살에 썰어 말린 호박은
제 몸을 자꾸 줄여 가고
두 노인도 세월에 몸을 말리고 있다

쑥같이 쓰고
두 날 가진 칼날 같던 날들
말을 버리는 연습 하다 보니
자신의 악에 걸려 본 적 없고
죄의 줄에 매여 본적 없는
낡은 몸
평화의 햇살은 잠시 머문다

자식에게 베풀 선을 위하여
앉아 있는 두 노인.

의미 없는 삶

형체가 없는 것들이란 말
어쩜 그리도 듣기가 고달플까

형체 또렷한 옷이라면
줄여 입고 늘려 입고
싼 옷이라도 다려 입고
색깔 없는 네 타이라도 하고
이것도 안 되거든 체념하고
필요한 그 누군가에게 주고
그것도 되지 않거든
입하나 달고 있는
재활용 그릇에 넣으면 되지

형체가 없는 바람 사랑, 그리움
보이지 않는 계산대 앞에 서서
얼마를 내야 할지 몰라
망설이다 줄지어 차례를 기다려 계산을 한다

겨우 그것도 어림잡아서
얼마를 계산하고 나서는
속았다는 듯
어떤 때는 정당하지 않다는 듯
다시 줄을 지어 계산하려 든다

형체 없는 것
우리에게 다시 요구하는 것이
설렘일지 모르지만
형체 없는 것 앞에서는
절대 계산하려 들지 말자
형체 없는 것의 존재를
알지 못하는 것이 다행이다.

첫눈이 왔어요

첫눈 오는 창가에 섰네
소리 없이 다가오는
설렘의 그리움
다시 피지 못할 사랑인 줄 알았는데
어느새
털고 일어선 자리엔
온통 하얀 눈으로
뒤덮인 마음뿐이었네
온 세상이 하얗게
깨끗함 보이네
내 마음의 보석 상자처럼.

가끔은 지구를 돌아본다

지구를 들고 있는 사내
지구를 들고 한 사내가 웃고 있다
하룻강아지 범을 보고 컹컹 짖어대듯
지구를 드는 것은 무섭지 않다
알고 보니 사내가 옆구리에 사라진
갈빗대를 찾은 거야
사내는 잠시 지구를 들고 있다는 것을 잊었어
3초 후엔 지구를 들고 있다는 것을 알았지
어디서 왔는지 모르지만 바람이 불었어
그 바람 속에 먼지가 섞여
지구를 들고 있는 손에
때를 묻혔어
가끔은 하늘에서 비가 내려
먼지 묻은 손을 씻겨 주지만
바람은 늘 불고 있었지
사내의 손이 먼지 때문에
지구를 든 손에 힘이 빠지기 시작했어
지나가는 개미를 보고도
황소가 지나갔다고 헛소리를 해대며
웃는 소리가 떠나질 않는다 친구야.

3부

시향

시를 쓸 때는

시를 쓸 때는
따끈한 아랫목에서 추워 외로울 때
참을 수 없이 그리움이 몰려올 때
손에 잡히지 않는 막막함으로
그리울 때입니다

시가 낯설게 외면하면
매달려보지만
시란 사람을 용케도 알아보는 법
아직 맨 끝에 서 있는 나에겐
낯선 단어들만 가득 안겨줄 뿐입니다

낯선 단어들도 제 주인을 닮아
나를 알아보는 법을 어느새 배워
나를 따돌립니다

따돌리는 그들을 보면서
눈물이 나려 하지만
이 악물고 기어코 시 하나
별들이 줄지어 선 맨 끝에
세워둡니다.

중간이 되는 날

당신은 목요일에 만나자고 했다
당신은 목요일은 중간이라서 싫단다
일요일에 만나자고 했다

일요일 다음엔 월요일 월요일 다음엔 화요일
화요일 다음엔 수요일 수요일 다음에 목요일
목요일 다음엔 금요일 금요일 다음엔 토요일
토요일 다음에 일요일 일요일 다음엔 월요일
일요일도 중간이네
처음 중간 끝이라고 굳이 붙인다면
나는 인생의 중간에 서 있다

목요일을 처음이라고 한다면
내 나이 처음으로 놓고 싶다.

뒤통수

오는 사람 가는 사람 붙잡지 않아요
멍석을 깔아 놓고 콩이야 팥이야
갑론을박 숱한 인생
들어주고 또 들어주어도 튼튼히 버텼는데
가면 쓰고 오는 당신
배배꼬인 심장을 가지고 오는 당신
내 뒤통수치고도 태연한 당신
헛구역질 하품 우울증
파도에 떠밀려 물 떠난 물고기
수면제를 먹고 싶은데
아직도 거부할 수 없는 약한 마음
나를 들어 물속에 넣어 주세요.

고독

한참을 앉아 있었다
다른 사람이 충분히 걸어갈 수
있도록 비켜서서
나와 함께 걷던 사람들
고개 돌려 바라만 볼 뿐
한마디 없다
감추어 두었던 줄자를 꺼내어
재어보았다
회오리가 불어대고
먼지가 날리고
주춤주춤 꺼내 든 가위도
자꾸만 몸을 뒤로 버틴다
구름처럼 덧없다 하기는
나의 존재가 가벼울 것 같고
한땐 희미한 날들이었다고 하기엔
때론 웃었던 날들을 외면하는 것 같고
그냥 걷자
고독하지 않다고 말할 사람은
지구 종말이 오더라도 말 할리 없을 터이니
고독하면 고독하다 투정하고
즐거우면 즐겁다고 웃음 지으며 가자.

꿈

당신은
얇디얇은
크리스탈 같아요

난
당신을
딛고 일어선
비비새

하루를 내다보며
하늘을 날고 싶다.

사람냄새

사람들 마트 출입구로 웃으며
꾸역꾸역 들어간다
대한민국에 없어도
당신이 원한다면
하늘에 있는 것
뭣인들 없으리까
다만 당신의 피와 땀
계산기에 숫자로
찍어주기만 한다면
사람들
커팅머신에 넘실넘실
대한민국도 담고
유럽도 담고
아메리카도 담는다
넘실거리는 커팅머신을 밀며
에스컬레이터를 로봇처럼
줄지어 내려온다
계산대 앞에 줄지어 선다
로봇처럼
세상을 다 얻은 얼굴
아무도 웃지 않는다.

춘향아

돌아오너라
오 춘향이여 돌아오너라
밤의 꽃들이 박제처럼 유리창에 갇히었다
돌아오너라
오 춘향이여 돌아오너라
하늘을 여는 열쇠로 도련님 마음을 열어다오

돌아오너라
오 춘향이여 돌아오너라
꽃다운 열여섯 춘향이가 TV앞에서
순결을 잃어버렸다

돌아오너라
오 춘향이여 돌아오너라
춘향의 얼굴이 사라져간다
도련님도 사라져간다.

사랑연습

당신은
사랑이란 말을 잊은 지 오래되었어요
말 대신 눈빛으로 말하고 있어요

사랑은 당신의 삶에
바람이 야금야금 뜯어먹고 있는 세월 보면서
가슴에 상처를 내요

그제는 아침 먹고 잠을 자고
어제는 아침 먹고 잠을 자고
오늘은 점심 먹고 잠을 자고

어설픈 저녁을 맞아요
어둠에 젖은 당신은 귀만 열고
내가 오는 소리를 용케도 알아들어요.

애원

내 마음은 지금 천둥소리
소리 지를 수 없는 천둥소리
천둥의 입을 막으려고
두 손을 모아 하늘을 우러르고
천둥소리를 못 내서
착한 남자라고 해요

내 마음은 지금 천둥소리
천둥은 미친 듯 달려도
눈치보다 산 세월을 곁눈질 해봐도
하늘은 천둥의 입을 닫으라 해요

천둥은 그 소리에 울어요
한 번만이라도 딱 한 번만이라도
천둥소리를 내게 해주세요라고.

유혹

내 눈을 유혹하는
하늘거리는 분홍 색채들

바람에 날리는 향수 냄새
갑자기 달려드는 충동
비린내가 길가에 멈추네

사내의 마음도 바람처럼
흔들릴 때도 있구나.

두통

두 사람이 길을 간다
한 사람은 절름발이
한 사람은 저름발이 정신
왜 화가 나는 것일까

저름발이는 내가 똑바로 걷는다고 하는데
절름발이 정신은 내가 절고 있다고 말한다

남이 나를 보고 당신은 두통이라고 말하면
화가 나지 않는데
머리가 돌지 않는 사람이구만하는 소리엔
왜 화각 나는 것일까

머리가 아프지 않다든가
절름발이가 아닌 것은 확실한데
절름발이 정신을 가진 것인지
머리가 돌지 않는 사람이라는 진실은
남들의 지식보다 내 지식으로 선택해야 한다.

중간에 서서

너무 빨리 읽거나
너무 천천히 읽으면
아무것도 이해하지 못한다

너무 많은 술
진리를 발견하지 못한다
너무 적은 술
마찬가지이다

사람은 중간에 있으면
더 빨리 읽기를 원하고
더 많은 술을 마시기를 원한다

중간에 서서
이쪽저쪽을 볼 수 있는
눈을 가진 것을 애써 감으려 한다.

휴일

보이지 않은 하늘의 언어 찾아
이 거리 저 거리 찾아 헤매는 일
나에게 못하게 해보라
찾아 헤매는 일이 부질없어 보일지라도
그 분주함에서 완전한 휴식을 취하게 한다면
허무가 내 심장 도려 갈 것이
공허가 하늘의 언어로 말갛게 씻어 놓은
이성을 권태롭게 할 것이다
물론 불만이란 놈도 혼의 밑바닥에서
용수철처럼 튀어나와
하늘의 언어로 씻어 놓은 입술에
가시 달린 꽃 피우게 할지 몰라
완전한 휴식은 죽음.

정원

큰 나무든 작은 나무든
풀잎 앞에서
제 자랑을 하고 칭찬을 받고 싶어한다

비바람을 풀잎보다 먼저 맞을 것이면서
자부심 또한 강하여
잠시 머무는 이름 모를 새에게조차
존경받을 생각을 한다

나무는 풀잎 앞에서
무슨 말을 하고 싶어 할까
생각은 도무지 하지 않고
춤추고, 노래하고
시를 쓰고 으뜸이 되고 싶어 하지

나무라는 것이 무엇인가
생각을 하려 하지 않는다.

명절

팔월대보름이면 한반도가 움직인다
고속도로는 끔찍하게 몸살 앓았던 기억이
되살아나 도망가기 위하여 일어섰다

사람들이 자동차와 공모하여 데모를 벌였다
할 수 없이 가랑이를 벌리고 잉태를 한다

그리고 끙끙거리며 출산을 한다
고향
간혹 성질 급한 고향이 사산한다
교통사고
그만 고속도로는 우울증에 빠져버렸다

며칠 후 마늘 고추 햇곡식
고향의 정을 담아
넉넉한 마음으로 품에 안는다.

팡세를 찾다

컴퓨터를 하다가 한 줄
책을 읽다 한 줄'
의자에 눈감고 기대어 있다가 한 줄
읽던 팡세가 없어졌다

분명히 모니터 위에 올려놓았는데
난 내 습관을 믿어
습관은 내가 모르는 사이
정신을 끌고 가는 자동기계이다

분명히 모니터 위에 팡세가 있었다고
사방 벽에 꽂아 둔 책 사이를
찾고 또 찾았다

이제 그만 찾겠다고 포기하고
의자에 앉으려는데
눈앞 책꽂이에 팡세가
책들 사이에 끼어 있었다
한 번도 보지 않았던 책처럼.

4부

그리움

자유

남들도 먹는 나이를
거부하고 길을 나섰다

눈은 짧은 미니스커트 유혹하고
배꼽 보일락 말락
잠시 나이는 외출하고
외출한 나이 돌아오기 전에
문패를 다시 만들어 달았다

남자는 미혼도 기혼도 미스터인데
여자는 미혼은 미스 기혼은 미세스이다
외출 나간 나이가
같이 외출 나온 나이들을 모아 놓고
목이 쉬도록 외쳐대지만
미스들은
오늘도 저는 처녀입니다

잠시 얼빠진 소리에 몸서리치고
옷을 벗어 던질 땐 자유다.

그곳에 가보니

나는 그곳에 가 보았다
알 수 없는 그곳에
눈물까지도 묻고 왔었다

아직도 눈물이
썩지도 않고
너처럼 자고 있다
너를 떠나보내고
펑펑 울어대던 친구의 눈물은
벌써 별이 되어 날아갔다

너는 나를 반기며
문을 활짝 열어
분수처럼 그리움이 치솟지만
서러움이 잠시 어깨에 머물고
나를 배반하고
땅 주인이 되어버린 네가 미웠다.

곡할지어다

사람들은 푸른 하늘을 노래했다
피의 노래가 그쳤다고 모두 좋아했다
피를 좋아하던 메뚜기 떼가
하늘을 덮어도 설마 했다

흙 가슴을 좋아하던 자의 피를 요구하고
메뚜기가 잎을 갉아 먹고 남은 것을
황충이가 먹고 있네
그쳤던 피가 서서히 부활하여
거리로 쏟아지고
어린 피가 하늘에 사무치도록 외쳐대면
곡하리라
입에 단포도주가 끊어져 간다
연약한 풀들이 일제히 눕는다
몽둥이 든 참새가 광장을 지켜도

아직은 곡하는 소리가 작도다
작은 상처에도 황금을 발라야 하고
목구멍에 거미줄 치는 둥지가 늘어나고
땅속에 숨겨놓은 불기둥이 아가리를 벌리고

임자 없는 물을 봉이 김선달이
부활하여 팔아먹고
메뚜기가 잎을 갉아 먹고 남은 것을
황충이가 먹고 있네

이제야 곡하는 소리가 삼천리에 가득 차려나
곡해라 곡해라 머리를 풀고 곡해라
향냄새 그리운 흙을 좋아하는 자를 외면한
목숨으로 진리를 대신하던 자를
외면한 그들을 위하여 곡을 할지어다.

단풍불

단풍불 지펴라 뜨끈뜨끈한 불
심장을 대어라 단풍 불에
단풍 불에 심장을 쬐이고 나면
춘향아씨 사랑만큼 여물어질까

단풍 불을 지펴라 포동포동 살진 불
눈을 대어라 단풍 불에
단풍 불에 눈을 쬐이고 나면
모든 것이 아름다워질까

단풍 불을 지펴라 활활 타는 불의 혀
귀를 막아야 들리는 말
눈을 감아야 보이는 단풍불
아직은 끝나지 않은 구부러진 길
단풍불빛으로 환해지겠네.

가을편지

원형 무대
텅 빈 객석
심심한 바람
원초적 꼬리 흔드는 빛
물갈퀴 같은 손
서러워라

햇빛 한 가닥 스러진
이 밤
달빛을 따라가랴
별빛을 따라가랴
서러운 맘
달빛을 따라가든
별빛을 따라가든
가실 줄 있겠는가

담쟁이넝쿨만큼 길어진 그리움
한 뼘 그리움일 때 몰랐는데
자꾸 길어지는 그리움
내 마음 도둑맞고
수취불명 가을편지를 보낸다.

오메 단풍

오메 단풍
붉은 물이 내 심장에도 들었나 봐

오메 단풍
불길이 내 눈동자에도 활활 타오르는 거 봐

오메 단풍
붉은 손이 내 은밀한 곳을 애무하는 거 봐

오메 단풍
현란한 빛에 정신을 차리지 못하겠어.

서러움

내 손에 더러움이 묻었습니다
마음에도 더러움이 묻었습니다

손에 더러움이 묻었을 땐 슬프지 않습니다
마음에 더러움이 묻었을 땐 서럽습니다

사람들은 마음의 더러움을 씻기 위하여
거리로 술집으로 돌아다녀 보지만
술을 마실 줄 모르는 나는
아무도 없는 차안은 서러워집니다.

2012@그곳에 가면 그리움이 서 있을까

인 쇄 : 초판인쇄 2012년 12월 20일
인 쇄 : 초판발행 2012년 12월 25일
지은이 : 정성주
펴낸이 : 윤기영
펴낸곳 : 도서출판 노트북
등 록 : 제 305-2012-000048호
본 사 : 서울시 동대문구 장안동 314-3번지 나동 101호
전 화 : 070-8887-8233 팩시밀리 : 02-844-5756
이메일 : hdpoem55@hanmail.net

정 가 : 8.000원정
ISBN : 978-89-92687-33-1-03810